SOCIÉTÉ DES ANTIQUAIRES DE PICARDIE

LA PRISE D'AMIENS

PAR LES ESPAGNOLS

EN 1597,

EXTRAITS DU REGISTRE MANUSCRIT DE LA FAMILLE CORNET

Lecture faite à la Séance publique du 22 Juillet 1883,

Par M. F. POUJOL DE FRÉCHENCOURT.

AMIENS,
Imprimerie A. DOUILLET et Cie, rue du Logis-du-Roi, 13

1884

SOCIÉTÉ DES ANTIQUAIRES DE PICARDIE

LA PRISE D'AMIENS

PAR LES ESPAGNOLS

EN 1597,

EXTRAITS DU REGISTRE MANUSCRIT DE LA FAMILLE CORNET

Lecture faite à la Séance publique du 22 Juillet 1883,

Par M. F. POUJOL DE FRÉCHENCOURT.

AMIENS,
Imprimerie A. DOUILLET et Cie, rue du Logis-du-Roi, 13

1884

(Extrait du Tome XXVIII des Mémoires de la Société des Antiquaire de Picardie.)

LA PRISE D'AMIENS PAR LES ESPAGNOLS
EN 1597,

EXTRAITS DU REGISTRE MANUSCRIT DE LA FAMILLE CORNET.

Lecture faite à la séance publique du 22 juillet 1883,

Par M. F. POUJOL DE FRÉCHENCOURT.

Messieurs,

A la séance publique tenue par la Société en 1881, vous avez bien voulu m'autoriser à lire quelques extraits du registre mémorial de la famille Cornet.

S'il vous en souvient, cette lecture était intitulée : Le repas de noces de Jehan Cornet, marié en 1517 à D^{lle} Marguerite Le Seneschal.

J'ai l'honneur aujourd'hui de mettre sous vos yeux plusieurs autres passages de ce recueil. Ils sont tirés en grande partie du chapitre qui contient l' « actif de Jacques Cornet. »

Je vous rappellerai auparavant que le manuscrit auquel font allusion Pagès, le P. Daire, Rivoire et Augustin Thierry est fort probablement perdu. Mais une partie de ces précieux mémoires existe encore. Elle fut copiée.

« d'après et sur un vieux registre en parchemin in-4°,

dit le copiste, qui m'a été presté et communiqué au mois de février 1772 par Messire Pierre Honoré Cornet, né le 27 août 1707, demeurant rue Basse St-Martin, dernier du nom de sa branche. »

Cette copie est intercalée dans un cahier contenant de nombreuses notes généalogiques sur la famille Cornet, rassemblées par M. le Couvreur de Boulainvillers. Il appartient actuellement à Monsieur Devauchelle, juge de paix à Doullens, qui l'a mis à ma disposition avec une bonne grâce dont je ne saurais trop le remercier.

Pagès (1) et le Père Daire (2) ont fait chacun de nombreux emprunts au récit de Jacques Cornet, en décrivant un des faits les plus saillants de l'histoire de Picardie, la prise d'Amiens par les Espagnols et sa reprise par Henri IV. Dans son précis historique, Rivoire (3) cite également le manuscrit dont j'ai l'honneur de vous parler. Ces extraits contiennent évidemment ce que les trois historiens ont trouvé de plus intéressant dans ce registre pour le sujet qu'ils traitent ; je crois néanmoins qu'après eux il n'est pas sans intérêt pour notre histoire locale de reproduire intégralement le récit de Jacques Cornet, tel du moins que nous le donne le copiste de 1772.

« Le XI mars 1597 cette ville d'Amiens fut prinse par surprinse sur les entre sept et huit heures du

---

(1) Pagès. T. IV. p. 137-149-155.

2) P. Daire. Histoire littéraire de la ville d'Amiens. P. 117.

(3) Rivoire. Précis historique de la prise d'Amiens par les Espagnols. P. 54.

matin, comme l'on étoit au sermon, par les Espagnols, qui entrèrent par la porte de Montre Escu, pillèrent et butinèrent toutes les richesses qui étoient dans la ville, conduits par leur chef nommé Armantel, avant cette surprinse gouverneur de Doullens qu'il avoit l'année précédente prinse d'assaut. Ayant mis à rançon tous les pauvres habitants d'Amiens qui ne se purent sauver, après en avoir tué bon nombre entre lesquels furent remarqués des plus signallés Monsieur le Secrestaire Le Roy, Monsieur le Conseiller Le Maître, Mon-Brisset et autres qui seroit chose trop longue à écrire.

Je demeurois lors dans la rue Saint-Denis où n'auroient aucunement l'allarme, et les trois quarts de la ville étoient saisis que n'en scavouoient rien en notre quartier Saint-Denis, d'autant que la cloche du beffroy ne sonna pas l'alarme. Toutefois aucuns ont voulu dire qu'elle sonna quelques coups, mais il étoit trop tard, l'ennemi étant déjà maistre de la porte et de la plupart des advenues. Les cris et plaintes étant doncques parvenues en nos quartiers et en ma maison où j'écrivois lors à un de mes amis exilé à Rouen, je sortis de la ditte maison armé et en bonne volonté de rendre à ma patrie et à ma ville un bon devoir pour la défense d'icelle ; mais je n'eus pas avancé quarante pas que l'ennemi parut devant moi, du côté de Notre-Dame, venant en bon ordre. Cela aussitôt me fit rentrer en ma maison pour donner, comme je le croyois, le dernier adieu à ma femme et la bénédiction à mes enfants.

Pourquoi aussitôt je prins un petit crucifix que je

mis au milieu d'eux, disant ces mots à ma femme :
« Ma mye, mon pouvoir ne vous peut aujourd'hui garantir d'outrage et fascherie, il n'y a que Dieu seul qui le puisse : je le prie de tout mon cœur de vous conserver la vie et l'honneur et donner bénédictions à mes enfants. Je leur donne la mienne. Vous ne me verrez jamais vif prisonnier entre les mains des Espagnols : il faut que je meure ou me sauve, pour me rendre utile à mes enfants, lesquels, comme je crois, les ennemis ne tueront, pour ce qu'ils sont fort petits. »

Ces paroles finies, contre le gré de ma femme qui se lamentoit extrêmement et s'efforçoit de m'arrester, je sortis avec mes armes et m'en allai droit au carrefour Saint-Denis, où je ne fus pas si tôt arrivé que nous apperçumes l'ennemy à pied, du cotté de la Belle-Croix, dessus la porte de Paris. Dainval et ses amis vinrent du cotté des Augustins, à pied, qui firent aussitôt résoudre de se retirer à la porte de Noyon, qui étoit lors fermée, ne restant plus aux ennemis que celle-là à prendre.

Où étant arrivé j'apperçus Monseigneur le Comte de Saint-Pol descendre de la platte forme qui est sur le rempart joignant icelle porte pour la faire ouvrir. Ce qui fut incontinent fait par le chef de porte ; et lors l'ennemi à cheval paroissoit sur la platte forme qui est entre ladite porte de Noyon et celle de Paris, et celui de pieds à l'endroit des boucheries de la rue Saint-Denis ou de Noyon.

Pourquoi mondit Seigneur de St-Pol sortit hors la

porte et monta sur l'un de ses chevaux qui lui fut amené, qui etoit cheval d'Espagne alezan bruslé, et se retira, voyant qu'il n'y avoit plus de remède pour sauver la ville. Et furent aussi contraints ce qu'ils étoient là d'habitants se sauver. Suivant quoy je me retirai à Corbie tout le long de la rivière de Somme, ayant fait coupper les courroies de ma cuirasse que je jettai dans un fossé près de la vallée. Et attendu que j'étois venu de ma demeure sans chapeau et sans manteau, tellement incommodé et affligé de regrets, que le soir même de la dite prinse j'eus voulu être mort plutôt que d'être sorti. Et furent contraints eux tous habitans reconnoître qu'en ce jour firent fort peu de devoirs pour deffendre leurs patrie et foïers, mais aussi faut-il tenir pour veritable qu'aucun n'etoit en ce jour evertué à les deffendre et moins encore enseigné à ce faire. Priant bien fort mes enfants, s'ils tombent en pareil inconvénient, se résoudre promptement à la mort et se montrer vaillans et courageux pour la deffense de la patrie au lieu de penser à se sauver. Car le salut que l'on rencontre en telles occurrences est mourir par après plusieurs fois le jour et tomber en telles incommodités que je ne les puis exprimer. Outre ce, avoir perdu aussi belle liberté d'être absolument gouverné par leurs magistrats, et connoitre chose si chère et désirable que quand on en jouit justement selon la volonté de son roy, il vaut mieux mille fois s'exposer à la mort que de le perdre.

Le jour de la ditte prinse il faisoit un froid extrême et un vent horrible du cotté du septentrion. L'ennemi étant arrivé sur les deux heures de la nuit, tant à pied qu'à cheval, en la vallée de Poulainville, et depuis s'étant avancé à la Magdeleine, se saisit de toutes les advenues et chemins proche de la ville, aucuns pensent d'une chapelle apellée Saint-Montan distante senlement de la porte d'une mousquetade, empeschant par ce moyen qu'aucune personne put venir donner avertissement à la ville qu'ils etoient ainsi en embuscade. De sorte que peu de temps après l'ouverture de la porte, aucuns d'eux deguisés et habillés en paysans avec des juppes de toille sous lesquelles ils avoient des pistolets, feignant venir en la ville, suivoient un charriot chargé de foins conduit par l'un d'eux. Lequel étant parvenu au dessous du gril et ayant passé le pont, ils firent arrester tout court, et lors aucuns de leurs compaignons les suivant d'environ quarante pas et qui étoient au devant du corps de garde où étoient tous les habitants portiers, commencèrent à entrer dedans et tuer les susdits portiers qui se chauffoient. A ce bruit et signal ceux qui étoient dans Saint-Montan sortirent de l'embuscade et se vinrent tout à fait saisir et rendre maistres de la porte ayant tué les portiers dont en échappa fort peu ; aucuns d'eux firent résistance et en blessèrent deux ou trois des ennemis.

Le guetteur habitant, qui etoit tous les jours enfermé au dessus de la porte à l'endroit du gril fit fort bien son devoir et couppa la corde qui le tenoit suspendu, mais la mauvoise fortune voulut que deux ou trois pillons d'icelle ne jouerent point, et par ce moyen l'ennemy entra petit a petit dans la ville :

touttes leurs trouppes tant de cavalerie que d'infanterie s'etant advancées au premier bruit. Est a notter que le pauvre guetteur qui etoit au gril fut tué. Mais celui qui etoit au dessus du premier pont fit fort mal son devoir, et depuis ne s'est veu, ainsi que j'ai ouï dire.

Faut-ici confesser à la louange de nos généreux ennemis, qui etant vainqueurs et pouvant disposer par droit de guerre de tout ce qu'ils trouverent en la ville, que ce néantmoins ils se sont montrés tant respectueux et prudens au regard de la conservation de l'honneur des filles et femmes, qu'il ne s'est pu remarquer aucune d'icelles avoir été deshonorée, bien que la ville fut fort grande,

Et advint un jour ou deux après la prinse qu'un soldat ayant voulu forcer une fille, les plaintes en estant faittes au gouverneur Armantel, il fut lui mesme en la maison ou estoit le soldat, le print par le poing, et lui mesme l'amena en la grande place du marché au pied du gibet pour le faire pendre. Ce qu'il eut fait faire si le bourreau se fut trouvé présent. Mais ce pendant qu'on le l'étoit allé quérir, tous les capitaines lui feirent tant d'instantes prières attendu que l'effet ne s'etoit commis, qu'il lui donna la vie du consentement et à la requisition mesme des parents de la ditte fille. Ne sachant à quoi attribuer ce tant grand bienfait et grâce à Dieu d'avoir ainsi éloigné du cœur de nos dits ennemis tous les désirs salles et mauvais, à quoi ordinairement les hommes sont sujets et principalement les gens de guerre, sinon pour récompenser les femmes de la ville d'Amiens de la ferme loyaulté qu'elles ont toujours gardée à leurs maris et telle que je crois qu'en France jusqu'à ce jour ne depuis ne s'en peut garder ni observer de plus grande.

Faut dire en deux mots que pour nos vengeance et inimitié particulière qu'anima les uns contre les autres, Dieu nous abandonna ainsi à nos ennemis et leur donna entrée en la ville sans empeschement ni resistance, comme si nous eussions été bebetés.

Peu de temps après la ditte prinse, je priai ma femme par lettre que je trouvai moyen d'envoyer dans la ville par Fauvel, trompette de Monseigneur le Comte de Saint-Pol, de tout abandonner ce qu'il nous restoit de biens et de s'en venir me trouver à Picquigny, où en l'attendant je passai onze nuits, couchant sur le plancher, ayant seulement un fagot sous ma teste pour me servir d'oreiller. Auquel lieu étante arrivée nous nous en allèrent ensemble avec nos trois enfans, Nicolas (1), Antoine et Genevieve, nous réfugier à Abbeville. Duquel lieu la peste nous chassa environs trois jours après et fumes contraints de nous en aller à Beauvais où depuis nous sommes demeurés jusqu'après la reprinse faitte par notre très bon, très magnanime et très excellent Roy de sa ville d'Amiens. En la ditte ville d'Abbeville le pauvre pœuple refugié y a trouvé des habitants merveilleusement rudes, farouches et pleins de reproches, mais à Beauvais un bon pœuple plein de compassion et vrayment chrestien.

---

(1) Celui qui fut le Grand maître de Navarre.

Dieu les garde à jamais l'un et l'autre comme nous d'estre circomvenus de telle infortune. Au mois de décembre 1597 nous sommes rentrés dans la ville avec tous nos trois enfants. »

Je n'ai pas besoin, Messieurs, après cette lecture, de vous signaler les divers changements faits au texte primitif par nos historiens, leurs omissions, non plus que l'ajustement plus moderne qu'ils ont cru devoir donner au style si naïf de notre écrivain. — Les manuscrits de Pagès et l'histoire du Père Daire vous sont trop connus pour qu'il soit nécessaire d'insister.

Un fait beaucoup moins important, qui a néanmoins attiré l'attention d'un chroniqueur amiénois, Jehan Patte (1), se trouve aussi consigné dans l'actif de Jacques Cornet. Ce n'est malheureusement pas une primeur que j'ai à vous offrir. Le récit de cet épisode a été copié par Dom Grenier auquel la famille Cornet avait communiqué son précieux manuscrit. A son tour, M. Augustin Thierry le reproduit d'après le savant Bénédictin, dans son recueil des monuments inédits de l'Histoire du Tiers-État (2). La copie que j'ai sous les yeux diffère bien peu de celle de Dom Grenier; je crois cependant devoir la transcrire, ne serait-ce que pour donner par la confrontation plus d'autorité à l'une et à l'autre.

« Le jour saint Simon et saint Judde 1593 étant procédé selon la manière accoustumée pour la création

---

(1) Journal historique de Jehan Patte, publié par M. Garnier. P. 75.

(2) Tome II, page 1041.

du magistrat de cette ville d'Amiens, furent, la grosse cloche sonnant, choisis et nommés par les six eschevins eslecteurs, sire François Gaugier, ancien mayeur, sire François Castellet, aussi ancien mayeur, et maistre Antoine de Berny, receveur général du taillon, pour estre présentés au peuple pour le plus nommé d'iceulx exercer la charge de mayeur. Icelle nomination n'étante agréable à aucune partie du peuple, fut commencé à crier: « Continué au suivant; » et assez subitement fut mené Me Antoine Gougier, mayeur, qui devoit ce jour sortir de charge, à l'auditoire du bailliage d'Amiens par Me Vincent le Roy, lieutenant-général au bailliage, qui lui fit prester le serment.

Telle chose n'étante au contentement d'aucune grande partie du pœuple, fut crié l'eslection et nomination desdits trois sus-nommés estre bonne et devoir valloir.

Pourquoi ledit pœuple alla trouver Monsieur le duc d'Aumalle en sa maison, le priant de conserver les antiens privilesges de la ville. A quoi voulant gratiffier, se transporta aux halles sur les onze heures de midy, et commanda que l'on eust à faire resonner la cloche, disant qu'il ne partiroit dudit lieu des halles, que l'un desdits trois nommés ne fut mayeur, suivant les antiennes coustumes. Quoy voyant ledict pœuple, qui desiroit maintenir laditte nomination et favoriser ledit prince, print incontinent les armes pour donner asseurance audit sieur, lequel, incontinent après, fict publier que l'on eust selon les antiens privilèges à porter chacun petit peloton dans l'une des trois quesnes posées pour lesdits sieurs Gauguier, Castellet et de Berny au dit lieu des halles, ce qui fut faict sans delai : et fut trouvé le sieur de Berny avoir plus de voix que les deux autres, au moyen de quoi fut mené prester le serment de maïeur. Est icy à notter que le sieur Gougier, qui jà l'avoit presté au matin ne mit aucun empêchement à la réception dudit de Berny afin qu'il n'en vint à naitre aucune sédition qui jà paroissoit fort, laquelle par ce moyen fut assoupie. A raison de ces troubles et empeschements les douze eschevins qui doivent estre créés par la nomination du peuple, par les billets qui pour cet effet sont baillés par chacune porte, pour estre lus ledit jour, furent différés au lendemain. Au nombre desquels ledict Jacques Cornet fut admis, non pour estre désirée par lui la charge, ni autre employ pour y parvenir, mais par le moyen de ses amis qui lui avoient fait nommer. Or d'autant qu'en exerçant ladite charge pendant ladite année, il a reconnu infinies particularités très dangereuses qui seroient trop longues à réciter.

Il prie ses enfants se donner garde surtout d'aspirer jamais aux charges publiques et se contenter de negotier tout doulcement leurs petites affaires, sans chérir, ni caresser l'ambition, quelqu'offre qui leurs soient présentées par les premiers et grands, ou bien par un public et communauté. Se souvenir aussi qu'un peuple est merveilleusement sujet à l'inconstance et varieté, lorsqu'il se voit affligé et privé de quelque vain espoir. Ils se sont trouvés en laditte année en très grand péril, pour estre forcés d'accomplir la volonté des premiers chefs du parti, qui desiroient l'execution de leurs desseins contraires à la volonté du peuple. De sorte que, voguant parmi tant de divisions, ils ont fort souffert et enduré. Enfin Dieu a permis qu'en cette ville d'Amiens ils aient en laditte année recogneu Henry de Bourbon IIII notre Roy, à l'entrée triomphale duquel tous ses confrères et lui eurent chacun une robbe de bourgeois de taffetas avec le bonnet de veloux et l'écharpe de taffetas blanc, pour en tel équipage aller au-devant de Sa Majesté lui offrir et porter les clefs de la ville. Où ils le rencontrèrent près le fonds de l'abbaye de Saint-Fuscien, auquel lieu, après estre tous descendus de cheval, ils le saluèrent ayant les genoux en terre, et de là, la harangue étant faite, fut accondit par grande quantité de noblesse en la ville, où estant, alla droit descendre à la grande église. »

Pour en finir avec le registre mémorial de la famille Cornet, permettez-moi, Messieurs, avant de terminer cette lecture déjà bien longue, de mettre encore sous vos yeux quelques courtes citations. Les différents membres de la famille qui ont pris part à la rédaction de ce manuscrit n'ont pas manqué d'y relater les faits intéressant la vie privée. Ils ont donc soin d'insérer exactement la date de naissance de leurs enfants, le jour du baptême, les noms des parrains et marraines. Je remarque à ce propos que jusqu'en 1609 deux parrains et deux marraines sont donnés à chaque enfant. Mais, au 2 décembre 1610, lors du baptême de sa fille Madeleine, Jacques Cornet nous dit « qu'à ce jour ne se prenoit

« plus qu'un parrain et une marraine de l'ordonnance
de Monseigneur d'Amiens. »

A l'actif de Jacques-François Cornet je trouve la note
suivante : « Ledit Jacques-François Cornet fut juge-
« consul le 5 juin 1715, il le fut jusques au 3 juin
« 1716. Dans laditte année on a attribué à la juridic-
« tion consulaire la connoissance des faillites. Il y a
« eu 7 à 8 banqueroutes, on a fait inventaire dans
« chaque maison. »

Ce chapitre qui est le dernier dans la copie de Monsieur Devauchelle, se termine ainsi : « Le Beffroy a esté
« brulé le 16 avril 1742, toute la charpente consumée,
« les cloches fondues. » Non seulement les historiens
de notre bonne ville d'Amiens prenaient quelqu'intérêt
à la lecture des mémoires de la famille Cornet, non-
seulement M. le Couvreur de Boulainvilliers en copiait
une trop courte partie, mais d'autres personnes aimaient
à lire ces naïfs récits. J'en trouve une preuve dans la
mention transcrite à la suite du dernier extrait dont
je vous ai donné connaissance. La voici : Notte de la
main de M° de Ligny, nottaire, cour Sire Firmin-le-
Roux, — « puisque ce manuscrit me passe dans les
« mains, je dois ne point oublier de faire mention que
« la grosse cloche qui a été fondue pour placer dans ce
« beffroy rebâti, est entrée dans ce beffroy le jeudi 23
« mars 1752, et a sonné pour la première fois à minuit
« le 1ᵉʳ janvier 1754. »

Il ne me reste plus qu'à vous demander pardon d'a-
voir retenu votre attention aussi longtemps, je serais
heureux, Messieurs, de ne l'avoir point trop fatiguée.

www.ingramcontent.com/pod-product-compliance
Lightning Source LLC
Chambersburg PA
CBHW062001070426

42451CB00012BA/2495